Jutta Schütz

wurde 1960 im Saarland geboren und lebte in den USA, Marokko, Südafrika und heute in Bruchsal. Ihre Bücher könnten unterschiedlicher nicht sein. Vom Ratgeber bis hin zum Roman scheut die Autorin keine schriftstellerischen Hürden.

„**Wunder brauchen Zeit**" beschäftigt sich mit der Thematik „Transsexualität" und die Intention dürfte jene sein, zu verdeutlichen, welche psychischen Probleme ein junger Mann in sich trägt, der glaubt, eine Frau sein zu wollen. Das Buch schafft es trotz dieser Problematik angenehm zu unterhalten und die Geschichte ist auch nicht zu abgedreht, wie man auf den ersten Blick vermuten könnte. ISBN: 978-3-94092-194-9, **13,99 Euro**, tredition-Verlag.

„**Plötzlich Diabetes**" ist ein Sachbuch mit einem Rezeptteil (Kohlenhydratarme Gerichte) und sehr gut zu lesen, weil es von einer Frau geschrieben wurde, die einen nicht mit Fremdwörtern erschlägt. ISBN: 978-3-86850-044-8, **8,99 Euro**, tredition-Verlag.

„**Hörst du die Liebe?**" handelt von einer Frau, die zwei Männer liebt und versucht aus ihrem Alltag auszubrechen.
ISBN: 978-3-86850-155-1, 15,99 Euro, tredition-Verlag.

„**Kohlenhydrate, nein danke**" ist ein kleiner Leitfaden, was diese Ernährung eigentlich ist und gegen welche Krankheiten sie helfen kann. ISBN: 978-3-86850-318-0, **7,99** Euro, tredition-Verlag.

„**Aber bitte kohlenhydratarm**" (Kochbuch-Serie) Autoren: Wolfgang Fiedler und Jutta Schütz. ISBN: 978-3-86850-322-7, 9,99 Euro, tredition-Verlag.

„**Ich war einmal Diabetiker**" –Meine gesammelten Erfahrungen, Gefühle, Gedanken und Erfolge-. ISBN: 978-3-86850-372-2, **8,99 Euro**, trediton-Verlag.

Vorwort

Vegetarismus ist eine Ernährungsweise wo Fleisch und Fisch bewusst vermieden wird.

Vegetarier sind in der westlichen Welt mit durchschnittlich 1,6 bis 2,6 Prozent Anteil an der Bevölkerung vertreten.
Alle Formen „vegetarischer Ernährung" basieren auf pflanzlichen Lebensmitteln. Es werden auch Pilze und Produkte aus Bakterienkulturen akzeptiert.

Für meine Tochter und Ehemann

Die Deutsche Nationalbibliothek verzeichnet diese Publikation in der Deutschen Nationalbibliografie; detaillierte bibliografische Daten sind im Internet über **dnb.d-nb.de** abrufbar.

Dieses Buch ist urheberrechtlich geschützt. Jede Verwertung ist ohne Zustimmung des Autors und des Verlages unzulässig. Dies gilt insbesondere für Übersetzungen, Vervielfältigungen, Mikroverfilmungen und Verarbeitung in elektronischen Systemen.

© 2009   Autorin: Jutta Schütz
Herstellung und Verlag:
Books on Demand GmbH, Norderstedt

ISBN: 978-3-83911-579-4

Jutta Schütz

Kohlenhydratarm

Vegetarisch und Backen ohne Mehl

Die im Buch veröffentlichten Ratschläge wurden von mir sorgfältig geprüft.

Eine Garantie kann ich dennoch nicht übernehmen. Ebenso ist die Haftung von mir bzw. des Verlages für Personen-, Sach- und Vermögensschäden ausgeschlossen.

Alle Markennamen, Warenzeichen und sonstigen eingetragenen Trademarks sind Eigentum ihrer rechtmäßigen Eigentümer und dienen hier nur der Beschreibung.

Inhaltsverzeichnis

Vegetarische-Gerichte
Seite:
10-Pfannkuchen mit Pilze
11-Tofu mit Sesam
12-Pfannkuchen mit Pfifferlingen-Ragout
13-Tofu im Sesam-Ei-Mantel
14-Blumenkohl mit Schafskäse
15-Schafskäse mit Brokkoli
16-Blumenkohl mit Joghurt in Curry
17-Spiegeleier mit Gemüse
18-Auberginen mit Ei
19-Käseauflauf mit Haselnüssen
20-Blumenkohl im Backofen
21-Kichererbsen-Pfannkuchen als Zwiebelkuchen im Ofen
22-Burger mit Linsen
23-Kichererbsen-Mehl Spinat-Lasagne
24-Rosenkohl Pizza
25-Tofu-Knödeln mit Schwarzwurzeln
26-Zucchini auf thailändische Art
27-Tofu mit Knoblauch
28-Möhrenauflauf mit Mandeln
29-Chili-Tofu-Bällchen
30-Pfannkuchen mit Kichererbsen-Mehl
31-Kichererbsen-Pfannkuchen-Lasagne
32-Mango und Zucchini Salat
33-Hüttenkäse mit Karotten
34-Rahm-Spinat
35-Feta mit Wildkräuter-Salat
36-Weißkraut Möhren Salat
37-Avocado-Salat
38-Erdnuss-Eintopf

Backen ohne Mehl
Seite:
39-Einfacher Pfannkuchen mit Kichererbsen-Mehl
40-Beeren-Müsli
41-Waffeln oder Pfannkuchen
42-Frühstücksbrötchen
42-Knusprige Frühstücksbrötchen.
43-Körnerbrot
43-Helle-Brötchen
44-Pizzaboden "ohne" Eiweiß-Pulver
45-Hefeteig
46-Nusskuchen
47-Käsekuchen
48-Amaretto-Cookies
48-Bounty-Kuchen
49-Marzipan-Kuchen
50-Tiramisu
51-Philadelphia-Torte
52-Gewürzkuchen
53-Kirschtorte
55-Eierlikör-Torte
56-Käse-Sahne-Torte
57-Erdbeer-Sahne-Torte
58-Russischer Zupf-Käsekuchen
59-Waldmeister-Torte
60-Schoko-Muffin ohne Eiweiß-Pulver
61-Brauni-Kuchen
62-Walnuss-Waffeln
62-Pfannkuchen ohne Eiweißpulver
63-Low-Carb Grießbrei
63-Kokosmakronen
64-Bisquit-Kekse in der Mikro oder Ofen
65-Advents-Kekse

Backen ohne Mehl
Seite:
66-Zimt-Kekse
67-Lebkuchen
68-Zimt-Mohn-Kuchen oder Mandelkuchen
69-Kuchen zum Advent in der Mikrowelle
70-Mandel-Möhren-Kuchen
70-Mascarponecreme
71-Kekse ohne Eiweiß-Pulver
71-Walnuss-Kekse in der Mikro
72-Tortenboden
73-Mohn-Quark-Kuchen
73-Advents-Kekse
74-Erdnussbutterkekse
74-Mandel-Häufchen
75-Vanillekipferl
76-Schokoladencreme
77-Nutella-Ersatz!
77-Ruccola-Walnuss-Quark

78-Pressemeldungen
von Jutta Schütz-über Diabetes

Vegetarische-Gerichte

Pfannkuchen mit Pilze überbacken

Zutaten:
4 Eier
5 EL geschmolzene Butter
4 EL Milch
4 EL Kokosflocken
½ Pack Backpulver
Ein paar Spritzer Süßstoff
1 EL Eiweißpulver
300 g Pilze (frische oder aus der Dose)
250 g geriebenen Käse

Zubereitung:
Die fertigen Pfannkuchen auf ein Backblech (gefettet) geben und die gebratenen Pilze darauf legen und Käse drüber streuen.

Im Backofen bei 200 Grad ca. 20 Minuten überbacken, bis der Käse gelb Gold ist.

Tofu mit Sesam

Zutaten:
250 g Tofu
2 Eier
1 EL Eiweißpulver
Pfeffer
Salz
2-3 EL Sesam
Kräuter gehackt (getrocknet oder frische)
Öl zum Braten (Omega 3)
2-3 EL Sahne (zum Verrühren des Eiweißpulvers)

Zubereitung:
Tofu in Würfel schneiden. Ei, Eiweißpulver (vorher mit etwas Sahne verrühren), Sesam zu einer weichen Masse verrühren und Gewürze dazu geben.
Die Pfanne heiß werden lassen. Das Öl hinzu geben.
Anschließend die Tofu-Würfel unterheben und in kleinen Portionen in die Pfanne geben.
2 – 3 Mal wenden, bis der Tofu gleichmäßig gebräunt ist.

Den Tofu auf einem Salat anrichten.

Pfannkuchen mit Pfifferlingen-Ragout

Zutaten:
500 g Pfifferlinge
2 Zwiebeln würfeln
4 Knoblauchzehen
250 g Schmand
3-4 EL Sahne
Frische Petersilie
1 TL Johannisbrotkernmehl
Salz
Pfeffer
Curry
250 g geriebener Käse
Pfannkuchen: Siehe Rezept 1

Zubereitung:
Die Pfifferlinge, Zwiebeln und Knoblauch in Öl anbraten und mit Schmand der Sahne und den Gewürzen verrühren. Mit dem Johannisbrotkernmehl binden.
Die fertigen Pfannkuchen auf das gefettete Backblech legen und mit dem Pilz-Ragout füllen und mit dem Käse bestreuen.
Im Backofen bei ca. 200 Grad 15-25 Minuten backen.

Tofu im Sesam-Ei-Mantel

Zutaten:
250 g Tofu
2 Eier
3 EL Sahne
2 EL Eiweißpulver
3 EL Sesam
Salz
Pfeffer
Omega3-Öl

Zubereitung:
Den Tofu in kleine Würfel schneiden. Eier, Sahne, das Eiweißpulver und den Sesam verrühren und die Gewürze hinzu geben.
Die Pfanne heiß werden lassen, dann erst das Öl hinzu geben und die Tofu-Würfeln in kleinen Portionen leicht anbräunen.

Blumenkohl mit Schafskäse

1 Blumenkohl (nicht verkochen)
2 Zwiebeln würfeln
1 Knoblauchzehe
2 Tomaten würfeln
1 Paprika würfeln
Salz
Pfeffer
1 TL Curry
½ TL Coriander
2 EL Sahne
250 g Schafskäse würfeln
Omega3-Öl zum Braten

Zubereitung:
Pfanne heiß werden lassen, Öl hinzu geben und die Zwiebeln und den Knoblauch leicht glasig werden lassen. Dann die restlichen Zutaten hinzu geben und vorsichtig umrühren.
Der Blumenkohl muss natürlich vorher schon gar gekocht sein!

Schafskäse mit Brokkoli

Zutaten:
2-3 Brokkoli (zart gedünstet)
2 Zwiebeln
1 Knoblauchzehe
250 g Schafskäse
2 Eier
Frische Kräuter
Salz
Pfeffer

Zubereitung:
Die Pfanne heiß werden lassen. Öl hinzu geben und die Zwiebeln sowie den Knoblauch leicht anbraten. Den noch knackigen Brokkoli, Gewürze und Kräuter und den Schafskäse hinzu geben und vorsichtig umrühren.

Blumenkohl mit Joghurt in Curry

Zutaten:
1 Blumenkohl (gar kochen)
2 Zwiebeln
3 Knoblauchzehen
Salz
Pfeffer
2 EL Curry
½ TL Ingwer
1 TL Koriander
100 g Joghurt
2 Tomaten sehr klein würfeln
1 Paprika sehr klein würfeln
Frische Kräuter
1 EL Sahne
50 g Mandelstifte (oder gehackte)

Zubereitung:
Die Pfanne heiß werden lassen. Das Öl hinzu geben. Zwiebeln und Knoblauch leicht bräunen. Tomaten, Paprika und die Gewürze hinzu geben und ein paar Minuten mit dünsten. Dann den Joghurt und die Sahne verrühren. Gleich darauf den gewürfelten Blumenkohl hinzu geben. Mit den Mandelstiften und den frischen Kräutern überstreuen und servieren.

Spiegeleier mit Gemüse

Zutaten:
200 g Brokkoli (fertig gekocht)
1 Tomate klein gewürfelt
5 Eier
1 Zwiebel
Salz
Pfeffer

Zubereitung:
Die Pfanne heiß werden lassen. Öl hinzu geben. Zwiebeln etwas andünsten, Gewürze und die Tomate hinzu geben. Nach ein paar Minuten den gewürfelten Brokkoli hinzu geben und die Eier über die Masse geben. Vorsichtig stocken lassen.

Auberginen mit Ei

Zutaten:
300 g Aubergine
4 Eier
4 EL Sahne
Salz
Pfeffer
1 MSP Muskat
1 Zwiebel
3 Knoblauchzehen
Frische Kräuter

Zubereitung:
Aubergine in ca. 1 cm dicke Scheiben schneiden und mit Salz bestreuen. Ca. 20 Minuten kalt stellen und mit Küchenpapier trocken tupfen.
Die Pfanne heiß werden lassen. Öl dazugeben. Zwiebeln und den Knoblauch andünsten und die Aubergine-Scheiben dazu geben. Auf jeder Seite leicht anbraten.
Die Eier mit der Sahne und den Gewürzen vermischen und über die Auberginen geben. Den Deckel auf die Pfanne legen und die Ei-Masse fest werden lassen und auf eine Platte stürzen. Mit frischen Kräutern überstreuen.

Käseauflauf mit Haselnüssen

Zutaten:
200 g gemahlene Haselnüsse
3 Eier
100 g Joghurt
500 g geriebenen Käse (egal welche Art Käse)
4 Tomaten in Scheiben schneiden
1 Paprika sehr klein würfeln
Salz
Pfeffer
1 TL Curry

Zubereitung:
Eine Auflauf-Form mit Öl einreiben. In einer Schüssel die Haselnüsse mit dem Joghurt und den Eiern und den Gewürzen gut mischen. Hinzu kommt die Hälfte des Käses. Den Teig in die Auflauf-Form geben und die Tomaten drüber legen. Die kleinen Paprika-Würfel und den Rest des Käses über die Teigmasse streuen.
Im Backofen bei 180 ca. 35 – 40 Minuten backen.

Blumenkohl im Backofen

Zutaten:
1 Blumenkohl
4 Tomaten klein würfeln
2 EL Tomatenmark
2 Zwiebeln
3 Knoblauchzehen
¼ TL gemahlenen Kreuzkümmel
1 TL Koriander (oder grünen frischen Koriander)
1 TL Curry
Salz
Pfeffer
Frische Kräuter

Zubereitung:
Blumenkohl kochen (er sollte noch fest sein).
Ein hohes Backblech mit Öl einstreichen.
Die Pfanne heiß werden lassen. Die Zwiebeln und den Knoblauch andünsten und dann die Gewürze und den angerührten (mit etwas Wasser) Tomatenmark dazu geben.
Den Blumenkohl auf das Backblech geben und die gewürfelten Tomaten darüber streuen. Die Gewürzmasse mit den Zwiebeln darüber schütten und mit Käse (wer möchte) bestreuen.
Im Backofen bei 200 Grad ca. 25 Minuten überbacken.

Kichererbsen-Pfannkuchen als Zwiebelkuchen im Ofen

Zutaten:
10 EL Kichererbsen-Mehl
7 Eier
150 ml Sahne (oder mehr)

200 g geriebenen Käse
8 Zwiebeln
3 Knoblauchzehen
Salz
Pfeffer
1 TL Curry
1 TL getrockneten Rosmarin
½ TL getrockneten Thymian

Zubereitung:
Aus dem Kichererbsen-Mehl, Eiern und der Sahne einen Teig rühren und 20 Minuten stehen lassen.
Ca. 8 Pfannkuchen backen.

Die Pfanne heiß werden lassen. Die Zwiebeln und den Knoblauch andünsten und die Gewürze dazu geben.
Die fertigen Pfannkuchen auf ein (mit Öl bestrichenes) Backblech legen und die Zwiebelmasse drüber geben.
Den Käse drüber streuen.
Im Backofen bei 200 Grad ca. 30 Minuten backen.

Burger mit Linsen

Zutaten:
300 g rote Linsen (weich kochen)
2 Zwiebeln klein würfeln
1 Knoblauchzehe klein würfeln
1 Ei
1 EL (oder etwas mehr) Eiweißpulver (oder Mehl=kein Low-Carb)
2 EL fein gehackte Kürbiskerne (oder gehackte Mandeln)
½ TL Cayenne-Pfeffer
Salz

Zubereitung:
Die ganzen Zutaten in einer großen Schüssel miteinander vermengen. Sollte der Teil etwas zu matschig sein, noch etwas Eiweißpulver hinzu geben.
Pfanne heiß werden lassen. Öl hinzu geben und Burger formen. In dem heißen Fett die Burger sehr vorsichtig braten.
Vorsichtig wenden. Können schnell zusammen fallen!

Kichererbsen-Mehl Spinat-Lasagne

Zutaten:
200 g Kichererbsen-Mehl
6 Eier
250 g Joghurt
2 EL Sahne

1 kg Tiefkühl-Blattspinat (dünsten)
250 g Schmand (vielleicht noch etwas Sahne)
1 Zwiebeln
3 Knoblauchzehen
Salz
Pfeffer
1 MSP Muskat
1 TL Curry
250 geriebener Käse
Ca. 50 g Butter

Zubereitung:
Aus dem Kichererbsen-Mehl, Eier, Joghurt und der Sahne Pfannkuchen backen. Die Pfanne heiß werden lassen. Die Zwiebeln und den Knoblauch andünsten. Den Spinat mit den Gewürzen und dem Schmand vermischen.
Eine Auflaufform mit Öl bestreichen und wie eine Lasagne abwechselt beschichten. Mit einer Lage Pfannkuchen beginnen, dann die Spinatmischung, und wieder Pfannkuchen.
Die oberste Lage sollte Spinat sein.
Zum Schluss die ganze Masse mit dem geriebenen Käse bestreuen und mit Butterflöckchen verstehen.
Im Backofen bei 200 Grad ca. 30 Minuten backen.

Rosenkohl Pizza

Zutaten:
120 g Kichererbsen-Mehl
280 g gemahlene Mandeln
4 Eier
Etwas Sahne (sollte er Teig zu fest sein)

500 g Rosenkohl (oder mehr) gar kochen
1 Becher Schmand
1 MSP Muskat
Salz
Pfeffer
Pizza-Gewürz
2 EL Tomatenmark
2 Pack Mozzarella
300 g geriebener Käse
1 Zwiebel in Ringe schneiden

Zubereitung:
Teig aus Kichererbsen-Mehl, gemahlenen Mandeln und den Eiern herstellen und auf ein hohes Backblech (eingeölt) als Teig hinein drücken.
Mit dem Tomatenmark und dem Schmand bestreichen. Die Gewürze drauf streuen und den Rosenkohl mit den Zwiebeln drauf setzen. Dann den gerieben Käse darauf verteilen und zum Schluss den Mozzarella in Scheiben darauf legen.
Im Backofen bei 180 Grad ca. 30 Minuten backen.

Tofu-Knödeln mit Schwarzwurzeln

Zutaten:
250 g Schwarzwurzeln (im Glas, sind schon fertig)
200 g Lauch
1 Zwiebel
300 g Tofu
5 EL gemahlene Mandeln
2 EL geriebenen Parmesan
250 g Schmand
1 TL Zitronensaft
Salz
Pfeffer
Frische Kräuter

Zubereitung:
Tofu mit einer Gabel zerdrücken und mit den Mandeln, Gewürzen und dem Käse und den frischen Kräutern zu kleinen Bällchen formen. In der Zwischenzeit die Zwiebeln und den Lauch in einer Pfanne leicht anschwitzen. Den Schmand, Zitronensaft, auch etwas Salz und Pfeffer hinzu geben und die Schwarzwurzeln darin erwärmen. Erst zum Schluss die Tofu-Klöße dazu geben und ca. 5 Minuten garen.

Zucchini auf thailändische Art

Zutaten:
500 g Zucchini in dicke Scheiben schneiden
6 kleine gehackte Zwiebeln
2 gehackte Knoblauchzehen
3 frisch, gehackte grüne Chili
150 g Pilze in Scheiben schneiden
50 g Bohnensprossen
70 g gehobelte Cashewkerne
2 EL Brühe
3 EL Öl
1 EL Wasser
Salz, Pfeffer, Curry und etwas Sojasauce

Zubereitung:
Cashewkerne in Öl anrösten. Das Öl im Wok oder in einer hohen Pfanne erhitzen und den Knoblauch/Zwiebel und Chili 2-3 Minuten anbraten (nicht zu sehr bräunen lassen).
Zucchini und die Pilze hinzu geben und mit garen. Zum Schluss die restlichen Zutaten und leicht würzen.

Tofu mit Knoblauch

Zutaten:
400 g marinierter, geräucherter Tofu
2 Zwiebeln klein würfeln
5 Knoblauchzehen würfeln
3 EL Tomatenmark
2 frische Tomaten klein würfeln
1 frischer Paprika klein würfeln
300 ml Gemüsebrühe
Viele frische Kräuter
4 – 5 EL Omega3-Öl
4 EL Rotwein
Salz, Pfeffer, etwas Curry oder Paprika-Pulver

Zubereitung:
Den Tofu zerkrümeln.
In die heiße Pfanne das Öl hinein geben und die Zwiebeln und den Knoblauch dünsten. Anschließend den Rest (auch den Tofu) der Zutaten hinzu geben und ca. 5 Minuten garen.

Möhrenauflauf mit Mandeln

Zutaten:
400 g gehobelte Möhren
3 Eier
3 EL gehobelte Mandeln
150 g geriebener Käse
120 ml Sahne
50 g Butter
Weißer Pfeffer
Salz
Kräuter
Muskat
Zitronensaft

Zubereitung:
Eiweiß mit Zitronensaft steif schlagen. Eigelbe mit den Gewürzen und der Sahne gut mischen und die Kräuter unter heben.
Eine hohe Auflaufform mit der Butter einpinseln und mit den Mandeln ausstreuen.
Die Möhren mit der Ei-Masse mischen und vorsichtig in die Form geben. Darüber den Käse streuen und im Backofen ca. bei 180 Grad 40 Minuten überbacken.

Chili-Tofu-Bällchen

Zutaten:
250 g Tofu zerkrümeln
4 EL gemahlene Mandeln
Ca. 3 EL Gemüsebrühe
Chilipulver nach schärfe
Salz
Pfeffer
Etwas Curry

2 Zwiebeln fein hacken
2 Knoblauchzehen fein hacken
2 Eier
3 EL gemahlene Mandeln
2 EL Kicher-Erbsenmehl
3 EL Quark

Zubereitung:
Den Tofu mit Mandeln, Gewürze und Brühe 10 Minuten quellen lassen.

Dann alle Zutaten zusammen mischen und kleine Häufchen in die heiße (mit Öl) Pfanne geben und vorsichtig braten.

Pfannkuchen mit Kichererbsen-Mehl

Zutaten:
100 g Kichererbsen-Mehl
5 Eier
Salz
Pfeffer
Curry, Paprika-Pulver
Gewürze nach Wunsch
Sahne soviel bis der Teig griffig ist
100 g Käse würfeln
1 Zwiebel würfeln
2 Knoblauchzehen würfeln
½ frische Paprika klein würfeln

Zubereitung:
Wie normale Pfannkuchen in Omega3-Öl ausbacken.

Kichererbsen-Pfannkuchen-Lasagne

Zutaten:
6 gebackene Pfannkuchen
250 g Sahne
2 Dosen gehackte Tomaten
Etwas Gemüsebrühe
Salz
Pfeffer
Kräuter
2 Zwiebeln klein hacken
2 Knoblauchzehen klein hacken
250 g geriebenen Käse
Pilze aus der Dose

Zubereitung:
Die Pfannkuchen in dünne Streifen schneiden und in eine gefettete Auflaufform geben. Alle Zutaten drüber geben und zum Schluss den Käse darüber streuen.
Im Backofen bei ca. 200 Grad 40 Minuten backen.

Mango und Zucchini Salat

Zutaten:
4 Zucchini
2 reife Mango
4 EL Sojasauce
Salz
Pfeffer
Etwas Curry

Zubereitung:
Zucchini waschen und fein raspeln. Mango schälen und vierteln. Ein Viertel in feinste Streifen schneiden. Aus den anderen Vierteln den Saft auspressen. Die Sojasauce mit dem Mango-Saft verrühren und mit den Gewürzen abschmecken.

Hüttenkäse mit Karotten

Zutaten:
500 g Hüttenkäse
8 große Karotten
250 g Parmesan
Kleine Schüssel frische Blätter Basilikum
Salz
Pfeffer
Zitronensaft

Zubereitung:
Die Karotten fein raspeln und den Parmesan fein reiben. Die Basilikum-Blätter fein hacken. Alle Zutaten vermischen und mit Salz, Pfeffer und Zitronensaft abschmecken.

Rahm-Spinat

Zutaten:
2 Pack TK-Blattspinat
250 g Frischkäse (40%)
Salz
Pfeffer
Muskat (sparsam)
3 Knoblauchzehen zerdrücken
Frische Kräuter

Zubereitung:
Spinat in der Mikrowelle auftauen und das Auftauwasser abgießen. Den Frischkäse zufügen und für ca. 2 Minuten auf hoher Stufe heiß werden lassen bis der Frischkäse geschmolzen ist. Gut mischen und mit den Gewürzen sofort servieren. Erst zum Schluss die frischen Kräuter über das Gericht streuen.

Feta mit Wildkräuter-Salat

Zutaten:
600 g Wildkräuter (Löwenzahn, Brennnessel, Gänseblümchen, Bärlauch, Mangold, Sauerampfer)
3 EL Omega-3 Öl
3 EL frischen Zitronensaft
Salz
Pfeffer
2 Knoblauchzehen fein pressen
250 g Feta-Käse – in feine Würfel schneiden

Zubereitung:
Das Fenchelgrün darf nicht mit blanchiert werden!!!!!
Die Kräuter gründlich waschen und in einem Sieb abtropfen lassen und im Salzwasser ca. eine Minute blanchieren. Mit der Schaumkelle direkt in das Eiswasser tauchen und in einem Sieb abtropfen lassen.
Das lauwarme Gemüse auf eine Platte portionsweise auf Teller legen und mit den Gewürzen und dem Knoblauch bestreuen. Darauf Feta verteilen und dann mit dem Olivenöl und dem Zitronensaft beträufeln.

Weißkraut Möhren Salat

Zutaten:
400 g Möhren klein raspeln
400 g Weißkohl raspeln
7 EL Omega-3 Öl
3 EL fl. Süßstoff
2 TL Senf
Salz
Pfeffer
Frische Kräuter
Etwas frischen Knoblauch

Zubereitung:
Weißkraut und Möhren (raspeln) in einer großen Schüssel geben und mit den restlichen Zutaten mischen und ca. eine Stunde ziehen lassen. Dann die fischen Kräuter drüber geben und servieren.

Avocado-Salat

Zutaten:
3 Avocados
2 hartgekochte Eier
4 große Tomaten
1 Zwiebel
2 Knoblauchzehen
Salz
Pfeffer
2 EL Essig oder Zitronensaft
4 EL Omega-3 Öl
1 kleiner Eisbergsalat

Zubereitung:
Für die Sauce die Eier pellen und fein hacken. Zwiebel und den Knoblauch fein würfeln und mit den Gewürzen und dem Öl sowie dem Zitronensaft unterschlagen.
Tomaten in Scheiben- und den Eisbergsalat in kleine Stücke schneiden und zusammen mit den Tomatenscheiben auf einem großen Teller anrichten.
Die Avocados längs halbieren, die Hälften gegeneinander drehen, aufklappen und den Kern herausnehmen, schälen und in Streifen schneiden. Auf dem Salat verteilen, mit Zitronensaft beträufeln und die Salatsauce darüber gießen.

Erdnuss-Eintopf

Zutaten:
1 Weißkohl
4 Möhren
500 g Brechbohnen
4 Paprikaschoten
6 EL Erdnussbutter (ohne Zucker)
2 Dosen gehobelte Tomaten
400 ml Gemüsebrühe
Salz
Pfeffer
2 Zwiebeln klein hacken
3 Knoblauchzehen klein pressen
Cayenne-Pfeffer
2 TL Thymian
1 TL Paprika-Pulver
1 TL Curry
2 EL Senf

Zubereitung:
Das Gemüse separat vorkochen und beiseite stellen.
Die Zwiebel, Knoblauch und die Paprikastücke in Öl anbraten und die Gewürze (Thymian, Paprikapulver und Erdnuss später) hinzu geben. Die Tomaten und die Brühe hinzugeben und 5 Minuten kochen lassen. Thymian, Paprikapulver und Erdnussbutter hinzugeben und alles gut durchmischen.

Backen ohne Mehl

Einfacher Pfannkuchen mit Kichererbsen-Mehl

Zutaten:
8 Eier
6 EL Kichererbsen-Mehl
2 EL gemahlene Kokosflocken (die zum Backen)
1 EL Hartweizengrieß
½ TL Backpulver
Etwas Sahne
Salz oder flüssigen Süßstoff

Zubereitung:
Die Teigmasse ca. eine halbe Stunde quellen lassen und mit etwas Öl in der Pfanne Pfannkuchen ausbacken.

Beeren-Müsli

Zutaten:
150 g Beeren
2 EL gehackte Haselnüsse
1 EL gehobelte Mandeln
1 TL Kokosraspel
Frischen Rahm und Milch nach Belieben
Fl. Süßstoff nach belieben

Zubereitung:
Anstatt Milch kann man auch Joghurt, Hüttenkäse oder Quark nehmen. Wer Low-Carb-Kekse gebacken hat, kann ca. 2 Kekse hinein krümeln.

Waffeln oder Pfannkuchen

Zutaten:
Eiweißpulver
4 Eier
4 EL Wasser
2 EL Joghurt oder Quark
8 EL Omega-3 Öl
½ Pack Backpulver
Fl. Süßstoff nach Belieben (ca. 2 TL)

Zubereitung:
Eier sehr schaumig rühren
Den Joghurt oder Quark und das Wasser dazugeben und wieder rühren. Öl hinein rühren. Zum Schluss das Eiweißpulver und das Backpulver hinzu geben. Der Teig muss sämig sein!
Man kann die Waffeln einfrieren und auf dem Toaster toasten.
Den Teig kann man auch als Pfannkuchen benutzen. Dann etwas flüssiger lassen.

Frühstücksbrötchen

250 g geschmolzene Butter
6 Eier
200 g Eiweißpulver
60 g Leinsamen
700 g Frischkäse
2 Tütchen Backpulver
Gründlich rühren und ca. 16 Stück Brötchen formen
und bei ca. 175 Grad 15-20 Minuten backen.

Knusprige Frühstücksbrötchen.

125 g geschmolzene Butter
3 Eier
30 g Leinsamen
175 g Frischkäse
100 g Eiweißpulver
1 Tütchen Backpulver
Alles zusammen rühren, ca. 10 Brötchen formen
und bei 175 Grad 10-13 Minuten backen.

Körnerbrot

6 Eier
200 g Joghurt
100 g geschmolzene Butter
2 TL Natron
1 TL Salz
800 g gemahlene Mandeln
200 g Sonnenblumenkerne
200 g Sesam
Eier und Joghurt cremig rühren,
die restlichen Zutaten dazu rühren.
zum Beispiel: in Muffins füllen (am besten mit Papier) und bei
175 Grad ca. 45 Minuten backen (In der Kuchenform ca. 1 Stunde)

Helle-Brötchen

Sie sehen ähnlich aus wie Dampfnudeln
500 g flüssige Butter
500 g Quark
12 Eier
400 g Eiweißpulver
2 Tütchen Backpulver
etwas Salz
alles miteinander mischen und Bällchen formen (so ca. wie ein kleiner Apfel) und auf das Backblech (mit Backpapier) legen und Platz zwischen jedem Bällchen lassen!
Bei 200 Grad ca. 15 - 20 Minuten backen

Pizzaboden "ohne" Eiweiß-Pulver

Zutaten:
4 Eigelb
2 EL warmes Wasser
Salz, Pfeffer etwas Curry?
4 Eiweiß
200 gemahlene Mandeln
Oregano, und etwas Tomatenmark

Zubereitung:
Eigelb schaumig rühren und die Gewürze dazu geben.
Das geschlagene Eiweiß mit den Mandeln vermischen und unter das Eigelb heben.
Das eingefettete Backblech mit dem dünn ausgerollten Teig belegen. Den Teig mit Tomatenmark bestreichen und belegen zum Beispiel mit Pilzen, Salami oder andere Zutaten. Zum Schluss den Käse
Bei ca. 200 Grad ca. 30 Minuten backen.

Hefeteig

Zutaten:
200 g gemahlene Mandeln
50 g Eiweißpulver
150 g Gluten
1 Ei
30 ml Sahne
120 ml Wasser
20 g Trockenhefe
15 g Butter
2 EL flüssiger Süßstoff oder ½ TL Salz.

Zubereitung:
Wasser, Sahne und das Ei verrühren und erwärmen. Dann die Hefe hinein bröckeln mit einer Prise Zucker. Die gemahlenen Mandeln, Eiweißpulver und Gluten in eine Schüssel sieben, eine Mulde hineindrücken und dort die Hefemasse hinein geben. Das Ganze abgedeckt an einem warmen Ort für etwa dreißig Minuten gehen lassen. Die Butter, etwas Süßstoff und eine Prise Salz zum Vorteig geben und das Ganze zu einem glatten Teig kneten. Diesen Teig zugedeckt an einem warmen Ort gehen lassen, bis sich das Volumen verdoppelt
hat. Den Teig anschließend noch einmal durchkneten.

Nusskuchen

Zutaten:
7 Eier
100 g gemahlene Walnüsse
1 TL Backaroma-Bittermandel
4 EL flüssigen Süßstoff

Zubereitung:
Den Backofen auf 160 Grad vorheizen.
Die Eier trennen. Das Eigelb mit dem Bittermandelöl sehr schaumig schlagen und anschließend mit 2 TL Süßstoff süßen. Das Eiweiß steif schlagen und ebenfalls mit 2 TL süßen.
Die Hälfte des Eischnees unter das Eigelb ziehen und anschließend die Nüsse und den restlichen Schnee hinzufügen.
Vorsichtig rühren, sonst fällt der Schnee zusammen.
Die Masse nun in eine eingefettete Kranzform füllen und für ca. 50 Minuten im Ofen backen. Dann 15 Minuten abkühlen lassen, bevor man ihn stürzen kann.
Den Kuchen kann man mit Sahne füllen!
1/4 Liter Schlagsahne
2 EL ungesüßtes Kakaopulver
Süßstoff nach Belieben
Sahne mit Kakao steif schlagen und anschließend süßen.

Käsekuchen

Zutaten:
Für den Boden:
70 g Butter
150 g gemahlene Mandeln
20 g Weizenkleie (oder Dinkelkleie)
70 g Eiweißpulver
1 Backaroma-Vanille
2 EL flüssigen Süßstoff,
1 Tütchen Backpulver

Zubereitung:
Den Teig gut vermengen, er krümelt etwas, diese Masse (Krümel) in eine gefettete Springform geben und andrücken.
Für den Belag:
4 Eier
3 Eiweiß
750 g Magerquark
Backaroma-Vanille, 4 EL flüssigen Süßstoff
1 Päckchen Wackelpudding, egal welcher Geschmack (ohne den Zucker)
Die 7 Eiweiße steif schlagen. Extra: Das Eigelb mit dem Süßstoff und dem Wackelpuddingpulver vermischen. Dann das Eiweiß unterheben. Die Teigmasse auf den Boden geben. Mit Alufolie gleich ca. 35 Minuten abdecken beim Backen und erst zum Schluss ohne Folie weiter backen. Bei 180 Grad ca. 70 Minuten.
Dann Backofen ausstellen und ca. 20 - 30 Minuten im geschlossenen Backofen abkühlen lassen.

Amaretto-Cookies

100 g weiche Butter
4 EL flüssigen Süßstoff
2 Eigelb und ein ganzes Ei
3 EL Amaretto-Likör
Ein paar Tropfen Backaroma-Bittermandel und Backaroma-Buttervanille
50 g Gluten
50 g gemahlene Mandeln
50 g Eiweißpulver
3 TL Backpulver
Butter und flüssige Zutaten cremig rühren. Gluten, Mandeln, Eiweißpulver und Backpulver mischen und unter den Teig kneten
Den Teig eine halbe Stunde in den Kühlschrank stellen, dann kleine Kugeln formen und auf einem mit Backpapier belegten Blech verteilen und etwas flach drücken.
Im vor geheizten Ofen auf mittlerer Schiene bei 180 Grad ca. 15-20 Minuten backen.

Bounty-Kuchen

160 g Kokosraspel
4 EL Sonnenblumenöl
6 gehäufte EL Kakao
4 Eier
1 TL Backpulver
5 TL Süßstoff
4 große EL Hüttenkäse
Erst alle trockene Zutaten mischen, dann die feuchten Zutaten hinzu geben und verrühren. 7 Minuten in der Mikro garen.

Marzipan-Kuchen

Zutaten:
250 g geschmolzene Butter
4 Eier
100 g gemahlene Mandeln
2 gehäufte EL Eiweißpulver
1 Backaroma-Bittermandel
4 EL flüssigen Süßstoff
1/2 Tütchen Backpulver

Zubereitung:
Butter, Eier, Süßstoff, Mandeln und Eiweißpulver vermischen und zum Schluss das Aroma dazu. Sehr gut rühren.
In eine Kuchenform füllen und bei 180 Grad ca. 40 Minuten backen.

Tiramisu

Zutaten:
4 EL Kaffeepulver
1 Backaroma-Vanille
2 Eier
2 EL Cognac,
150 g Quark,
70 g Kekse (aus meinem Rezeptteil hier)
2 TL Kakao

Zubereitung:
Sehr starken Kaffee kochen und abkühlen lassen,
Eier trennen und Eiweiß steif schlagen. Kalt stellen.
Eigelb, Backaroma-Vanille und Cognac in eine Rührschüssel geben (Metall) und im heißen Wasserbad mit dem Mixer zu einer dicken Creme verrühren.
Abkühlen lassen. Dann den Eischnee mit der Creme glatt rühren.
Magerquark cremig rühren und die Ei-Creme unterrühren.
Kekse kurz in den kalten Kaffee tauchen.
Eine Auflauf-Form mit der Hälfte der Kekse auslegen und die Hälfte der Creme darauf verteilen,
Übrige Kekse drauf legen. Die restliche Creme darauf streichen und den Kakao darüber sieben.
Im Kühlschrank 1 Stunde ziehen lassen.

Philadelphia-Torte

Zutaten:
600 g Frischkäse
600 g Sahne
1 Päckchen Wackelpudding (ohne Zucker, egal welcher Geschmack)

Zubereitung:
Der Wackelpudding in etwas Wasser einrühren und zum Auflösen erwärmen. Die Wasser-Soße unter den Frischkäse rühren und mit 4 EL flüssigen Süßstoff abschmecken. Dann die geschlagene Sahne unterheben.

Für den Boden:
200 g geschmolzene Butter,
340 g gemahlene Mandeln
Zutaten rühren und krümelig auf den Boden einer Springform einfüllen, glatt drücken und kaltstellen.
Dann die Wackelpudding-Masse drauf geben.
Im Kühlschrank ca. 4 – 5 Stunden kalt stellen.

Gewürzkuchen

Zutaten:
250 g geschmolzene Butter
5 EL flüssigen Süßstoff
6 Eier unterrühren.
1 TL gemahlenen Koriander, 2 EL Kakao, 1 TL Zimt
1 TL gemahlene Nelken, 1 Backaroma-Vanille.
Alles zusammen sehr gut rühren.
50 g Weizenvollkornmehl
150 g Sojamehl
100 g gemahlene Mandeln
1/2 Tütchen Backpulver

Zubereitung:
Den Teig in eine eingefettete (und mit Mandeln ausstreuen) Springform und bei 160 Grad ca. 50 bis 60 Minuten backen.

Für die Schokoglasur 1 Würfel Palmin schmelzen und 3 EL Sahne, 1 EL Kakao und 2 TL flüssigen Süßstoff geben. Gut verrühren und den noch warmen Kuchen in zwei Schichten damit bestreichen.

Kirschtorte

Zutaten:
4 Eiweiß steif schlagen
4 Eigelb
100 g gemahlene Mandeln
2 TL flüssigen Süßstoff
2 EL Kakao
1 TL Backpulver

Zubereiten:
Eigelb mit dem Süßstoff verrühren und mit den Mandeln, Kakao und Backpulver unter das geschlagene Eiweiß mischen. In eine Springform mit Backpapier auslegen und den Teig hinein geben. Bei ca. 180 Grad mittlere Schiene ca. 35 Minuten backen.
Kalten Boden auf eine Tortenplatte und einen Tortenrand herum legen.

600 g Schlagsahne
2 TL flüssigen Süßstoff
1 Backaroma-Vanille
6 Gelatineblätter (und für die Kirschen anzudicken noch zusätzliche Gelatine)

1 Glas Schattenmorellen
Für die Schokoraspeln nimmt man 75% Schokolade
Die Kirschen abtropfen lassen und 16 Kirschen zur Seite legen.
Den Saft mit Fertig-Gelatine andicken.
Nach dem Erkalten die Kirschen und ein Schnapsgläschen

Kirschwasser unterrühren.
Die Kirschmasse auf den kalten Boden verteilen.
Gelatine einweichen, ausdrücken und in einer Tasse im Wasserbad schmelzen lassen.

Sahne steif schlagen, Süßstoff, Backaroma-Vanille und Gelatine unter die Sahne heben und mit den Kirschen auf dem Boden verteilen.

Die Torte für 4-5 Stunden in den Kühlschrank stellen.
Vor dem Servieren Tortenrand entfernen und den Rand mit geraspelter Schokolade verzieren.
Torte in 16 Stücke markieren, und die Kirschen als Verzierung drauf legen.

Eierlikör-Torte

Zutaten:
Für den Boden:
4 Eiweiße steif schlagen
4 Eigelb
100 g gemahlene Mandeln,
2 TL flüssigen Süßstoff

Zubereitung:
Eigelb mit dem Süßstoff verrühren und mit den Mandeln unter das geschlagene Eiweiß heben. In eine Springform füllen und bei 180 Grad ca. 30 Minuten backen.

Belag:
4 Eigelb
1 TL flüssigen Süßstoff
250 g Eierlikör
6 Blatt Gelatine
750 g Schlagsahne

Eigelb, Süßstoff und 4 EL Eierlikör cremig schlagen. Restlichen Eierlikör unterrühren. Eingeweichte Gelatine bei wenig Hitze auflösen und unter die Eigelbmasse mischen und kalt stellen. Sahne steif schlagen. Sobald die Eigelbmasse zu gelieren beginnt, Sahne unterheben und auf dem Boden verteilen. Etwas Eierlikör auf der fest gewordenen Masse verteilen. Das Ganze dann ca. 4 – 5 Stunden kalt stellen.

Käse-Sahne-Torte

Für den Boden:
4 Eiweiß steif schlagen
4 Eigelb
100 g gemahlene. Mandeln,
2 TL flüssigen Süßstoff
Eigelb mit dem Süßstoff verrühren und mit den Mandeln unter das geschlagene Eiweiß ziehen. In eine Springform füllen und bei 180 Grad (Mittlere Schiene) ca. 30 Minuten backen.

Belag:
100 g geschmolzene Butter
3 TL flüssigen Süßstoff
3 Eier, getrennt
500 g Magerquark
6 Gelatineblätter einweichen
250 g Schlagsahne, Backaroma-Vanille, Prise Salz
Butter mit dem Süßstoff und dem Eigelb schaumig rühren. Quark, Backvanille und Salz hinzu geben. Alles gut verrühren. Gelatine gut ausdrücken und mit 2-3 EL heißem Wasser auflösen. Die noch warme Gelatine in die Quarkmasse einrühren. Steif geschlagene Sahne und den steif geschlagenen Eierschnee unterheben.

Erdbeer-Sahne-Torte

Für den Boden:
4 Eiweiße steif schlagen
4 Eigelb
100 g gemahlene Mandeln,
2 TL flüssigen Süßstoff
Eigelb mit dem Süßstoff verrühren und mit den Mandeln unter das geschlagene Eiweiß ziehen. In eine Springform füllen und bei 180 Grad ca. 30 Minuten backen.

Belag:
500 g frische Erdbeeren
500 g Schlagsahne
2 TL flüssigen Süßstoff, 1 Backaroma-Vanille, 100 ml Apfelsaft
6 weiße Gelatineblätter einweichen

Die Hälfte der Erdbeeren pürieren. Restliche Erdbeeren zum Belegen bei Seite stellen. Sahne, Vanillearoma und Süßstoff steif schlagen. Gelatine auflösen. Nach und nach Apfelsaft einrühren und die Mischung unter das Erdbeerpüree rühren. Wenn die Masse zu Gelieren beginnt steif geschlagene Sahne unterheben.
Die Torte 4-5 Stunden in den Kühlschrank stellen.

Russischer Zupf-Käsekuchen

Für den Boden:
90 g geschmolzene Butter (ein paar Minuten abkühlen lassen)
200 g gemahlene Mandeln
20 g Weizenkleie
70 g Eiweißpulver
4 EL flüssigen Süßstoff

Der Teig wird krümelig, macht nichts. Die Hälfte davon in die gefettete (und vielleicht mit gem. Mandeln paniert) Springform (18 cm Durchmesser) geben und andrücken. Bei einer größeren (normalen) Springform wird der Kuchen nicht so schön hoch.
Für den Belag:
2 Eier schaumig rühren (4 min. lang)
500 g Quark
durchrühren
1 Päckchen weiße Sofort Gelatine,
4 EL flüssigen Süßstoff
durchrühren Auf den Boden geben und glatt streichen. Dann aus der anderen Hälfte (ich habe noch 1 gehäufter TL Kakao dazu gegeben und ein wenig Sahne) kleine flache Kleckse auf den Käsebelag legen.
Bei 180 Grad ca. 1 Stunde backen. Backofen abstellen. Habe den Kuchen noch im geschlossenen Backofen 10 Minuten drin gelassen.

Waldmeister-Torte

Boden:
90 g Butter schmelzen
200 g gemahlene Mandeln (wer mag auch gem. Haselnüsse)
20 g Weizenkleie
70 g Eiweißpulver.
1 Päckchen Backpulver
Vielleicht 3 EL flüssigen Süßstoff, (ich hatte einmal den Süßstoff vergessen und es schmeckt trotzdem)

Dieser Teig krümelt sehr, die Krümel in die gefettete Auflaufform (eine normal große Form) und zuerst leicht auch den Rand bilden und dann den Teig erst andrücken.

Zum Belag:
4 Eier schaumig rühren
1 kg Magerquark (ich habe 1 kg und 250 g genommen. Der Quark musste verschafft werden)
mit den Eiern verrühren
2 Pack (Wenn nur 1 kg Quark, dann nur ein Pack) Götterspeise Waldmeister Geschmack, der ohne Zucker!
6 EL flüssigen Süßstoff
Alles verrühren und auf den Boden geben.

Den Kuchen im vor geheizten Backofen bei 180 Grad eine Stunde backen, dann im abgeschalteten und geschlossenen Backofen ca. 15 - 25 Minuten stehen lassen und herausnehmen. Er fällt nicht zusammen und ein kleines Stück Kuchen macht toll satt.

Schoko-Muffin ohne Eiweiß-Pulver

100 g geschmolzene Butter
abkühlen lassen, in der Zwischenzeit
6 Eier sehr schaumig rühren
1 Backaroma-Vanille
1 Tütchen Backpulver
400 g gemahlene Haselnüsse
100 g Kleie
80 g gehobelte Mandeln (oder grob gehackte)
2 EL Kaffeepulver, 2 EL Sahne
oder ganz starken Kaffee, ne halbe Tasse ca. selbst brühen. Dann keine Sahne dazu geben
2 gehäufte TL Kakao
5-6 EL flüssigen Süßstoff

Den Teig in eine Mufin-Form mit Papier, denn wegen dem fehlenden Eiweißpulver sind sie sonst etwas bröselig.
Bei 165 Grad ca. 50 Minuten backen.

Man könnte auch Kekse daraus formen!

Brauni-Kuchen

Zutaten:
6 Eier
300 g Quark
40 g Kokosraspel
160 g gemahlene Mandeln
40 g Kleie
6 gehäufte TL Kakao
2 gestrichene TL Natron
2 gestrichene TL Vitamin C Pulver (wenn vorhanden)
700 g geriebene Karotten
1 Backaroma-Rum
1 Backaroma-Vanille
5 EL flüssigen Süßstoff
1 Prise Salz
1 Prise Kaffeepulver
4 TL Eiweißpulver
6 TL Essig
1 EL Leinsamen
3 TL Zimt, Prise Kardamon,
100 ml Milch, 100 ml Rotwein

Zubereitung:
Wenn der Teig zu trocken ist, etwas (wenig) Milch dazugeben. Teig auf ein mit Backpapier ausgelegte Springform verstreichen und bei 150 Grad ca. 30 – 40 Minuten backen. Bei Zimmertemperatur abkühlen lassen.

Walnuss-Waffeln

6 Eier
60 g gemahlene Walnüsse
90 g Sonnenblumenöl
120 g Eiweißpulver
1 Tütchen Backpulver
1 Backaroma-Vanille
5 EL flüssigem Süßstoff
Eier trennen und Eiweiß steif schlagen
Eigelb mit den restlichen Zutaten verrühren und das steife Eiweiß unterheben

Pfannkuchen ohne Eiweißpulver

3 Eier
2 EL gemahlene Mandeln
2 – 3 EL Sahne
3 EL flüssigen Süßstoff
1 Prise Salz
1/2 TL Guarkern-Mehl zum Binden (Reformhaus)
Die Mandeln mit der Sahne durch mixen. Die restlichen Zutaten hinzugeben und durch mixen und in der heißen Pfanne ausbacken.

Low-Carb Grießbrei

200 ml Milch
3 EL Sahne
3 TL gemahlene Mandeln
Ein paar Tropfen Backaroma-Vanille
2 EL flüssigen Süßstoff
½ TL Guarkern-Mehl
etwas Milch mit den Mandeln in einen Rührbecher und mit dem Zauberstab ganz fein mixen. Den Rest dazu kippen und mixen. Für einen warmen Grießbrei, zwei Minuten in der Mikrowelle erwärmen.

Kokosmakronen

5 Eiweiß steif schlagen,
1 TL Zitronenpulver,
ca. 4 EL Streusüße (Pulver) nacheinander beim Schlagen hinzufügen,
200 g Kokosflocken unterheben.
Ergibt 9 große Kokosmakronen auf einem Blech!
ca. 45 Minuten bei ca. 125 Grad im Backofen backen, dann noch bei geschlossenem Backofen ca. 15-20 Minuten abkühlen lassen.

Bisquit-Kekse in der Mikro oder Ofen

Zutaten:
4 Eier
45 g Leinsaatschrot
50 g gemahlene Mandeln
1/2 TL Zimt
1 EL flüssigen Süßstoff
80 g Mascarpone
30 g Sojaflocken

Zubereitung:
Alle Zutaten ohne die Sojaflocken mixen.
Dann die Sojaflocken unterrühren.
Den Teig ca. 10 Minuten quellen lassen.
Backpapier auf Mikrowellentellergröße zuschneiden.
Mit einem EL 4 kleine Häufchen darauf setzen.
Achtung, der Teig läuft noch auseinander.
Ab in die Mikrowelle und bei
900 Watt ca. 5 Minuten garen.

In einer Springform (Backpapier) backen bei etwa 180 Grad ca. 25-30 Minuten. Der Teig soll noch sehr hellbraun sein.
Das wäre auch ein Tortenboden!

Advents-Kekse

Zutaten:
4 Eiweiß,
5 EL flüssigen Süßstoff
250 g gemahlene Mandeln
50 g Eiweißpulver
1 TL Zimt
1 gehäufter TL Kakao
1 Prise Nelken
1 Spritzer Zitronensaft, und Orangensaft (für die Glasur)

Zubereitung:
Eiweiß steif schlagen, etwa 1/4 zum Bestreichen zur Seite stellen.
Nach und nach Süßstoff, Mandeln, Eiweißpulver, Zimt, Nelken, unter die Eiweißmasse geben und kneten.
Teig ausrollen und in Scheiben schneiden.
Die Scheiben auf das Backblech (mit Papier) geben.
Das Eiweiß und den Saft zu einer streichfähigen Glasur verarbeiten und die Scheiben (Kekse) bestreichen.
Bei 180 Grad ca. 30 – 40 Minuten backen.

Zimt-Kekse

Zutaten:
125 g flüssige Butter
2 Eigelb
1 EL brauner Zucker
2 TL Süßstoff
1 TL Zimt
2 EL Vollkornmehl
200 g gemahlene Mandeln
1/2 TL Backpulver
1 Prise Salz

Zubereitung:
Das Fett mit Eigelb, Zucker und Süßstoff schaumig schlagen. Zimt, Mandeln, Mehl mit Backpulver und Salz vermischen und unter die Schaummasse geben. Den Teig in Folie ca. 1 Stunde in den Kühlschrank legen.

Aus dem ganzen Teig eine Rolle formen und ca. 50 Kugeln formen und auf ein mit Backpapier belegtes Blech legen und andrücken. Die Plätzchen mit dem Guss bestreichen.

Für den Guss:
30 ml Milch,
1/2 TL Zimt
1 EL Eiweißpulver,
½ Backaroma-Vanille.
Im vor geheizten Ofen bei 170 Grad ca. 7 Minuten backen.
Haltbar wie normale Kekse zum Beispiel in einer Dose.

Lebkuchen

Zutaten:
70 g geschmolzene Butter
3 Eier
130 g gemahlene Mandeln
70 g Eiweiß
40 g Kakao
1 Backaroma-Vanille
3 TL Lebkuchengewürz
1 TL Natron
4 EL flüssigen Süßstoff

Zubereiten:
Festen Teig kneten und flache Kekse formen
Man kann auch Formen ausstechen.
Bei 180 Grad ca. 25 Minuten backen.

Zimt-Mohn-Kuchen oder Mandelkuchen

Zutaten:
250 g Sahnequark
200 g gemahlenen Mohn oder Mandeln
50 g geschmolzene Butter
4 EL flüssigen Süßstoff
1 TL Zimt
1 gestrichener TL Natron
30 g Eiweißpulver (Vanille)
6 Eier
1 Fläschchen Backaroma-Vanille

Zubereitung:
Rühren und in eine gefettete Kuchenform geben.
bei 160 Grad ca. 40-50 Minuten backen.

Kuchen zum Advent in der Mikrowelle

Zutaten:
1 Ei
10 g Kakao
2 EL Sonnenblumenöl
100 g Quark
20 g gemahlene Mandeln
20 g Eiweißpulver
4 EL flüssigen Süßstoff
1/4 TL Lebkuchengewürz
2 TL Backpulver
einige Tropfen Backaroma-Vanille

Zubereitung:
Verrühren und für ca. 3 Minuten bei 600 Watt in die Mikrowelle. Anstatt Lebkuchengewürz kann man auch Spekulatiusgewürz oder eine andere Mischung aus gemahlenen Nelken, Kardamon und Zimt nehmen; oder „nur" Zimt.

Mandel-Möhren-Kuchen

250 g Möhren klein hexeln
4 Eier, das Eiweiß steif schlagen,
4 TL flüssigen Süßstoff
400 g gemahlene Mandeln
1 Prise Salz
Alle Zutaten mischen und zum Schluss das Eiweiß drunter heben.
In die Muffin-Form geben und bei ca. 175 Grad ca. 40 - 45 Minuten backen.

Mascarponecreme

250 g Mascarpone mit einem Eigelb und 1 EL flüssigem Süßstoff glatt rühren und auf den Boden streichen.
ODER:
350 g gefrostete Beerenmischung auf dem Boden verteilen und 250 g Sahne-Quark mit 100 ml Schlagsahne und 2 EL flüssigem Süßstoff mischen und auf den Boden streichen.

Kekse ohne Eiweiß-Pulver

150 g geschmolzene Butter
4 Eier zuerst sehr schaumig rühren und dann die abgekühlte Butter hinzu geben.
50 g gemahlene Wal-Nüsse
50 g gemahlenen Leinsamen
50 g gemahlenen Sesam
200 g gemahlene Mandeln
100 g gemahlene Haselnüsse
1 Tütchen Backpulver
1 TL Kakao
3 - 4 Tropfen Pfefferminzöl (aus der Apotheke)
Bei 180 Grad ca. 30 - 35 Minuten backen

Walnuss-Kekse in der Mikro

100 g Walnüsse
2 EL Karamell-Sirup
1 EL Butter
2 EL flüssigen Süßstoff
In der Mikrowelle 2,5 Minuten
Belag:
geschlagene Sahne (ohne Zucker) und Zimt

Tortenboden

Zutaten:
2 Eier trennen
Eiweiß steif schlagen
100 g gemahlene Mandeln
2 EL flüssigen Süßstoff
1 Prise Salz
1 TL Backpulver

Zubereitung:
Eiweiß mit der Prise Salz und dem Süßstoff steif schlagen.
Die gemahlenen Mandeln und Backpulver mit dem Eigelb verrühren.
Dann das Eiweiß unter heben.
Den Teig in eine gefettete Tortenbodenform geben und bei 175 Grad ca. 30 Minuten backen.

Mohn-Quark-Kuchen

6 Eier schaumig rühren
200 g Mohn
250 g Sahnequark
60 g geschmolzene Butter
5 EL flüssigen Süßstoff
1 gestrichenen TL Natron
30 g Eiweißpulver
1 Fläschchen Backaroma-Vanille
Alles zusammen rühren und in eine kleine, gefettete Auflaufform bei 160 Grad ca. 45-50 Minuten backen, zum Abkühlen in dem etwas geöffneten Backofen 15 Minuten stehen lassen.

Advents-Kekse

200 g geschmolzene Butter
1 Tütchen Backpulver
8 TL flüssigen Süßstoff
Lebkuchengewürz (oder Kaffeepulver, Zimt)
200 g gemahlene Mandeln
200 g Eiweiß-Pulver
6 Eier
Die ganze Masse ein paar Minuten rühren.
Kleine Bällchen formen und platt drücken. Dann auf ein mit Backpapier ausgelegtes Blech legen.
30 Minuten bei 180 Grad backen

Erdnussbutterkekse

Backofen auf 190 Grad vorheizen.
1/2 Glas Erdnussbutter mit Stückchen (ohne Zucker)
ca. 200 g Cremedouble
100 g gehackte Pekannüsse (oder andere Nüsse)
1 Backaroma-Vanille
4 EL flüssigen Süßstoff*
2 TL Sojamehl
1 TL Backpulver
Alle Zutaten in einer Schüssel gut verrühren. Mit einem Teelöffel Kekse auf ein Backblech (Backpapier nicht vergessen) geben und 10-15 Minuten backen.

Mandel-Häufchen

200 g gehackte Mandeln
4 Eiweiß
4 EL flüssigen Süßstoff
Eiweiß mit dem Süßstoff steif schlagen und mit den Mandeln vermischen.
Häufchen auf das Backblech (mit Papier) geben.
Bei 175 Grad ca. 20 Minuten backen.

Vanillekipferl

Zutaten:
175 g gemahlene Mandeln
1 TL Backpulver
2 TL flüssigen Süßstoff
15 g Gluten (Weizenkleber, den braucht man, sonst wird das ganze zu mürbe)
1 Ei
1 EL Schmand
120 g weiche Butter
1 Backaroma-Vanille

Zubereitung:
Alle Zutaten zu einem Teig kneten und im Kühlschrank ca. 1 Stunde ruhen lassen.
Portionsweise zu einer Rolle formen und im Abstand von ca. 1 cm kleine Kipferl formen und auf das Backblech (mit Backpapier) legen.
Im vor geheizten Ofen bei 170 Grad, ca. 8 Minuten backen. Auf dem Backblech auskühlen lassen und mit einem Hauch von Streusüße bestäuben.

Schokoladencreme

Zutaten:
200 g Magerquark
4 Eiweiß
1 TL Kakao
1-2 EL Mineralwasser
2 EL flüssigen Süßstoff

Zubereitung:
Den Magerquark, Kakao, Mineralwasser und Süßstoff zu einer dicklichen Masse rühren.
Das Eiweiß mit einer Prise Salz steif schlagen und in 2-3 Portionen unter den Quark heben.
In 4 Schälchen füllen und für 40 Minuten in den Kühlschrank stellen. Nach ca. 4-5 Stunden verflüssigt sich das Eiweiß am Boden wieder.

Nutella-Ersatz!

200 ml Sahne
2 EL Kakao
60 g gemahlene Hasel-Nüsse
60 g geschmolzene Butter
4 EL flüssigen Süßstoff
Butter schmelzen und mit den Zutaten vermischen.
Im Kühlschrank ca. 3-4 Tage aufbewahren.

Ruccola-Walnuss-Quark

500 g Quark
50 g Ruccola
15 Walnusshälften (aus der Tüte)
Salz, Pfeffer,
1 TL flüssigen Süßstoff
Quark mit Wasser cremig schlagen und mit Salz, Pfeffer und Süßstoff würzen.
Ruccola waschen und in dünne Streifen schneiden,
Walnüsse in Stückchen brechen.
Alles vermischen und ein paar Stunden durchziehen lassen.

Pressemeldungen von Jutta Schütz-über Diabetes

Buchvorstellung: Kohlenhydrate, nein danke

Das Buch „Kohlenhydrate, nein danke" –Eine revolutionäre Ernährung- ist ein kleiner Leitfaden, was diese Ernährung eigentlich ist und gegen welche Krankheiten sie helfen kann.
Wenn Ihnen Ihre Gesundheit wichtig ist und Sie über Ihre Ernährung frei entscheiden möchten, dann wird dieses Buch empfohlen, denn eine freie Entscheidung setzt ausreichende Information voraus. Dieses Buch ist im heutigen Ernährungsdschungel ein hilfreicher, wissenschaftlicher, aber auch für den Laien gut lesbarer Leitfaden um sich schnell und umfassend über diese Ernährungsform zu informieren. Es verschafft dem Leser in kürzester Zeit einen Überblick und das Buch bietet außerdem eine solide Informationsgrundlage.
Sehr oft sind solche Fachbücher sehr theoretisch und schwer zu lesen. Jutta Schütz schreibt hier aber einen „kleinen Leitfaden", der durch seine lockere Sprache auffällt und wo man gleich kapiert, was Sache ist.
Eine kohlenhydratarme Ernährung hilft bei Krankheiten wie: Diabetes Zwei, Alzheimer, Parkinson, Rheuma und Gicht, Migräne, Verstopfung, Blähungen, Magen- und Darmgeschwüre, Sodbrennen, Ablagerungen von Schlacken, Herzanfälle/Schlaganfälle, Krebs, Epilepsie, Schilddrüsenerkrankungen, Brust- und Prostatakrebs, Übergewicht und Fettsucht, Erhöhte Cholesterinwerte, Chronischer Entzündungsprozess der Schleimhäute, Hautausschläge/Akne, Asthma

Buch: Kohlenhydrate, nein danke ISBN 978-3-86850-318-0 Verlag: tredition, Hamburg, Euro: 7,99 - Quelle: 2009 - Online-artikel.de, firmenpresse.de, pharma-zeitung.de

Ein Selbsthilfebuch für Diabetiker (Typ Zwei) mit Kohlenhydratarmer Ernährung

Das Buch „Plötzlich Diabetes" (Für Typ Zwei) ist eine sehr gute Informationsgrundlage und auch für den Laien sehr gut zu lesen. Schütz informiert den Leser in kürzester Zeit umfassend, was eine Ernährungsumstellung mit Low Carb bewirken kann.
Die Autorin kennt sich mit dieser Ernährungsform (Selbstbetroffene) sehr gut aus und schreibt auch unkompliziert und ganz ohne einen mit Fachwissen zu erschlagen. Gegenüber den sonst doch sehr trockenen und steifen Ratgebern führt dieses Buch: „Plötzlich Diabetes" den Diabetiker leicht in die Low-Carb-Welt hinein.
Sie beschreibt in einem Tagebuch ihre Erfolge mit der Ernährungsumstellung. In nur 3 Monaten waren ihre Blutzuckerwerte wieder normal.
In der Presse wird sie jetzt als Rebell und Querdenkerin bezeichnet. Die Agrarrevolution und den Ackerbau gibt es erst seit ein paar tausend Jahren. Viel zu viele Kohlenhydrate führen zu einer Schädigung der Zellen und die defekte Zelle verliert dadurch das Atmungsferment. Es entsteht ein Sauerstoffmangel.
Schon im Jahre 1876 hielt Dr. Densmore vor der Londoner Ärztegesellschaft einen Vortrag. Er sagte, dass Getreidenahrung zum frühen Tod führen würde.
Viele neue kontrollierte Studien liefern den Nachweis, dass diese kohlenhydratreduzierte Diät unbedenklich und wirksam ist. Es wirkt sich auch günstig auf den Fett- und Glucose-Stoffwechsel aus. Buch: Plötzlich Diabetes, Autorin: Jutta Schütz, tredition-Verlag, Hamburg ISBN-Nr.: 978-3-86850-044-8, Euro: 8,99
Kaufen kann man dieses Buch direkt beim Verlag, amazon.de usw. oder in jedem Büchergeschäft. Quelle: 2009 - Online-artikel.de, firmenpresse.de, pharma-zeitung.de

Autorin Jutta Schütz und Prof. Dr. Hans Jörg Prizzibillia mit Low Carb in Luxemburg

In der Kalenderwoche 26 besuchte die Autorin Jutta Schütz (3 Bücher über Low Carb) gemeinsam mit Prof. Dr. H. J. Prizzibillia mehrere Diabetiker-Selbsthilfegruppen in Luxemburg.
„Es müsse noch viel mehr Aufklärung über diese Ernährungsform Low Carb betrieben werden", sagte die Autorin in Luxemburg. Obwohl schon seit über 100 Jahren bekannt ist, dass zu viele Kohlenhydrate unseren Stoffwechsel stören und dies auch zu Krebs führen kann, wird die Bäckerindustrie für die Menschen immer wichtiger.
Es gibt immer mehr Diabetiker mit dem Typ Zwei und dies ist auch ein Milliardengeschäft für die Pharma-Industrie und die Ärzte. Dabei geht es schon lange nicht mehr nur um Diabetes. Viele andere Krankheiten könnten durch eine kohlenhydratarme Ernährung (Low Carb) auch geheilt werden. Schon im Jahre 1876 hielt Dr. Densmore vor der Londoner Ärztegesellschaft einen Vortrag und er sagte, dass Getreidenahrung zum frühen Tod führen würde. Darüber gibt es viele kontrollierte Studien.
Aber die Zusammenhänge zwischen den großen Pharma-Industrien und Wissenschaftlern sind für den Laien oft nicht zu durchschauen. Die führenden Mitarbeiter der Konzerne sind nicht dumm, es sind zum größten Teil ausgebildete Ernährungs- oder Naturwissenschaftler, die Studien und Berichte in den Medien verbreiten, was angeblich gesund oder nicht gesund sind. Sie tun dies, weil der Profit mehr zählt, als die Gesundheit. Die Wahrheit wird verdeckt und es werden Wissenschaftler gekauft, Studien gefälscht oder manipuliert und ungeliebte Fakten verschwiegen. Die meisten Ärzte wissen um dieses Vorgehen und es ist vielen Medizinern trotzdem egal.

John Rengen war 30 Jahre Top-Verkäufer in der Pharma-Industrie und in dieser Zeit gehörte es zu seinen Aufgaben, Gutachter zu bestechen um die Zulassung von neuen Medikamenten durchzubringen. Im Gespräch mit Jo Conrad erzählte er, dass ihm erst bewusst wurde, wie gefährlich dieses in der Pharma-Industrie gängige Verfahren ist und irgendwann die eigene Gesundheit betreffen kann, als sein eigener Sohn geimpft werden sollte.
Quelle: www.secret.tv/artikel1002139
Zum Beispiel litt die Autorin Sabine Beuke jahrelang an unerklärlichen Darmproblemen, kein Arzt konnte eine Diagnose stellen, bis Jutta Schütz ihr das Buch von ihr „Kohlenhydrate, nein danke" nach Bremen schickte und Sabine Beuke sofort mit der Low Carb Ernährung anfing. Nach nur wenigen Wochen waren ihre schlimmen Durchfälle und Darmprobleme wie von Zauberhand verschwunden. Die Autorin Schütz ermutigte sie, ein Buch darüber zu veröffentlichen, das vor ein paar Wochen vom BoD-Verlag auf den Markt kam.
Aber nicht nur Diabetes Zwei und Darmprobleme kann man mit einer Low-Carb-Ernährungsumstellung in den Griff bekommen, sondern viele andere Krankheiten auch: Parkinson, Rheuma und Gicht, Migräne, Verstopfung, Blähungen, Magen- und Darmgeschwüre, Sodbrennen, Krebs, Epilepsie, Übergewicht, Erhöhte Cholesterinwerte, Chronischer Entzündungsprozess der Schleimhäute, Hautausschläge und auch Akne.
Quelle: 2009 - Online-artikel.de, firmenpresse.de, pharmazeitung.de

Viele Diabetiker sind durch Glargin verunsichert.

IQWiG, das Institut für Qualität und Wirtschaftlichkeit in der Medizin meldet, dass „Glargin" möglicherweise das Risiko, an Krebs zu erkranken, erhöhe.
Das lang wirksame Analoginsulin Glargin (Markenname: Lantus) ist in die Diskussion geraten.
Patienten, die Lantus nehmen, fragen sich, was sie tun können! Die EASD (Europ. Gesellschaft f. d. Erforschung von Diabetes) sagt, dass Niemand seine Insulin-Behandlung ändern sollte, ohne Rücksprache mit seinem Arzt zu führen.
Die EASD rät auch nicht von Lantus ab, weist aber zu Alternativen hin, was auch die DDG (Deutsche Diabetes Gesellschaft) tut. Diese sagt: Analoginsulinen hätten in den Studien keinerlei erhöhtes Krebsrisiko gezeigt. Menschen, die bereits an Krebs erkrankt sind, oder Frauen, in deren Familie Brustkrebs gehäuft vorkommt, sollten diese Alternativen mit ihrem Arzt besprechen.
Der Hersteller Sanofi-Aventis von Lantus wehrt sich in der ARD gegen diese Panikmache und sagt, dass das Mittel für ca. 400.000 Patienten lebensnotwendig sei.
IQWiG-Leiter Peter Sawicki sagt über die Glargin-Studie: „Ich hätte viel lieber herausgefunden, dass es nicht mit einem Krebsrisiko verbunden ist."
Quelle: Quelle: Katja Schmidt – hna.de/politiksolo/Insulin-Studie.
Als Diabetologe habe er (Peter Sawicki) Patienten bereits auf mögliche Risiken hingewiesen, als diese noch im Zusammenhang mit Zellstudien diskutiert wurden. Skepsis würde aber in einem Medizinstudium nicht gelehrt. Viele Kollegen würden den billigsten Werbetricks der Pharmaindustrie auf den Leim gehen, sagt Sawicki. Quelle: Katja Schmidt – www.hna.de/politiksolo/Insulin-Studie

Dazu sagt die Autorin Jutta Schütz (Buch: Plötzlich Diabetes), die auch über Kohlenhydratarme Ernährung informiert:
Die Zusammenhänge zwischen den großen Pharma-Industrien und Wissenschaftlern sind für den Laien oft nicht zu durchschauen. Die führenden Mitarbeiter der Konzerne sind nicht dumm, es sind zum größten Teil ausgebildete Ernährungs- oder Naturwissenschaftler, die Studien und Berichte in den Medien verbreiten, was angeblich gesund oder nicht gesund sind. Sie tun dies, weil der Profit mehr zählt, als die Gesundheit. Die Wahrheit wird verdeckt und es werden Wissenschaftler gekauft, Studien gefälscht oder manipuliert und ungeliebte Fakten verschwiegen. Die meisten Ärzte wissen um dieses Vorgehen und es ist vielen Medizinern trotzdem egal.

John Rengen war 30 Jahre Top-Verkäufer in der Pharma-Industrie und in dieser Zeit gehörte es zu seinen Aufgaben, Gutachter zu bestechen um die Zulassung von neuen Medikamenten durchzubringen. Im Gespräch mit Jo Conrad erzählte er, dass ihm erst bewusst wurde, wie gefährlich dieses in der Pharma-Industrie gängige Verfahren ist und irgendwann die eigene Gesundheit betreffen kann, als sein eigener Sohn geimpft werden sollte.

Quelle: www.secret.tv/artikel1002139
Quelle: 2009 - Online-artikel.de, firmenpresse.de, pharmazeitung.de

Neue Informationen für Diabetiker Typ Zwei

Jutta Schütz veröffentlichte in nur einem Jahr drei Bücher, worin es über die Ernährungsform "Low-Carb" geht. Jutta Schütz hat sich mit dieser Ernährungsform vom Diabetes Zwei geheilt. Low-Carb hilft aber auch gegen Migräne, Magen-Darm-Probleme und noch viele anderer Krankheiten.
Die Autorin gibt mit ihren Büchern den Diabetikern mit dem Typ Zwei, großen Mut. Als Selbstbetroffene, beschreibt sie in ihrem ersten Buch „Plötzlich Diabetes" wie sie mit der Ernährungsumstellung „Low Carb" innerhalb drei Monaten ihren Blutzuckerspiegel wieder auf ein normales Niveau zurück brachte. Von dem Tag der Diagnose an, hält die Autorin Schritt für Schritt ihren Erfolg in einem Tagebuch fest und dokumentiert ihre Suche nach einer Alternative zu Medikamenten.
Im Anschluss an diesem Buch veröffentlichte sie ein paar Monate später den kleinen Leitfaden „Kohlenhydrate, nein danke" worin sie genauer auf die Ernährungsform zu sprechen kommt. In diesem Buch erklärt sie diese kohlenhydratarme Ernährungsform „Low Carb" mit vielen Hintergrundinformationen über diese bestimmte Ernährungsweise und hinterlegt sie mit vielen wissenschaftlichen Berichten. Es ist eine gute Informationsquelle und ausreichend erklärt für alle Schnelleinsteiger.
Das dritte Buch, das sich mit Diabetes Zwei befasst „Ich war einmal Diabetiker", beinhaltet eine kurze Zusammenfassung aus ihren letzten zwei Jahren und noch mehr Infos über diese besondere Lebensform mit der Low-Carb-Ernährungsform. Außerdem erklärt die Autorin genauer diese verschiedenen Ernährungsarten „Low Carb", angefangen von Atkins über Logi-Methode, Montignac-Methode, Glyx-Diät, South-Beach-Methode, Lutz-Diät bis hin zu LCHF die in Schweden von der Regierung schon anerkannt wurde.

Sie erklärt, was Ketose ist und dass auch Krebs kein hoffnungsloser Fall sein muss.

Das Wichtigste aber, was man aus den Büchern von Jutta Schütz heraus lesen kann, ist die Erkenntnis, dass Diabetes kein Schicksal sein muss, sondern bekämpfbar ist.

Diese Neuerscheinung ist ein absolut empfehlenswertes Buch, wenn man nicht nur Medikamente nehmen möchte, denn die persönlichen Erfahrungen der Autorin decken sich mit den neuesten wissenschaftlichen Erkenntnissen. Wer sich über den Zusammenhang von Ernährung, Cholesterin und Diabetes informieren möchte, findet in den Büchern der Autorin gute Literatur.

Quelle: 2009 - Online-artikel.de, firmenpresse.de, pharmazeitung.de

Raucher erkranken öfters an Diabetes

Am 11.06.2009 berichtete der Focus: Das Nikotin fördert Diabetes. US-Mediziner haben möglicherweise entdeckt, warum Raucher häufig unter Diabetes leiden.
Das Nikotin fördert vermutlich Diabetes, indem es den Stresshormonspiegel erhöht und es macht den Körper unempfindlich gegenüber Insulin.
Es entsteht auch ein erhöhtes Risiko für Herzinfarkt und Schlaganfall und gilt als Vorstufe von Diabetes mellitus – Typ 2. Dieser Zusammenhang erklärt, warum Raucher so häufig an Herzprobleme sterben, erklärte der Studienleiter Theodore Friedman von der Charles-Drew-Universität in Los Angeles auf dem Jahrestreffen der amerikanischen Gesellschaft für Endokrinologie in Washington.
Der Körper entwickelt eine Insulinresistenz und verringert dadurch die Erkennungsstellen für das Hormon im Gewebe. Die Folge ist: Das Insulin kann den Zuckerstoffwechsel nicht mehr richtig steuern und der Blutzuckerspiegel steigt.
Ein Übermaß an Kohlenhydraten löst meist eine Unempfindlichkeit gegenüber Insulin aus. Auch das Nikotin kann solch einen Effekt haben, haben die Forscher an Mäusen gezeigt. Diesen Mäusen spritzte man 2 Wochen lang zweimal täglich Nikotin. Sie fraßen zwar weniger und verloren an Gewicht, sie entwickelten aber auch eine Insulinresistenz. Vermutlich wirke das Nikotin, indem es den Stresshormonspiegel erhöht, speziell über eine vermehrte Ausschüttung von Cortisol, spekulieren die Forscher.
Auch zu hohe Cortisol-Werte seien dafür bekannt, dass sie die Diabetes-Vorstufe fördern können. Blockierte ein sogenannter Antagonist die Nikotinwirkung, reduzierten sich die Anzeichen für eine Insulinresistenz als auch der Cortisol-Spiegel bei Tieren.
Quelle: 2009 - Online-artikel.de, firmenpresse.de, pharmazeitung.de

Neues aus Schweden über Diabetes

Von schwedischen Ärzten hört man jetzt, dass Diabetes vollständig zu heilen ist.
Erst vor kurzem wurden einer Frau offiziell Zellen verpflanzt, die Insulin produzieren. Bisher gab es lediglich nur Versuche, den Diabetes in den Griff zu bekommen. Man verpflanzte ganze Bauchspeicheldrüsen, sehr oft mit schweren Komplikationen. Die transplantierten Zellen wurden aus Spenderorganen gewonnen und es gab Versuche in Kanada und Skandinavien.
Die Ärzte hoffen jetzt, einen Durchbruch erzielt zu haben.
Quelle: oeaz.at-Zeitung: 3-aktuell.
Die Autorin Jutta Schütz unterstellt einigen Ärzten bei der Erstellung der Diagnose „Diabetes Typ Zwei" zu voreilig zu sein. Es wird zu wenig nach den Ursachen geforscht.
Seit die Autorin über Diabetes und die Ernährungsform „Low Carb" forscht und schreibt, beschäftig sie sich intensiv mit vielen Patienten, die sie wegen ihren Büchern anschreiben.
Auch werden die Diabetiker selten auf den Vitaminmangel B1 hingewiesen.
Etwa die Hälfte aller Menschen mit Diabetes mellitus erkranken an einer sogenannten diabetischen Neuropathie.
Die Ursachen für Nervenschäden können neben chronisch erhöhten Blutzuckerwerten auch ein Vitamin-B1-Mangel sein. Erhöhte Blutzuckerwerte zerstören Nerven und Blutgefäße. Die Symptome sind Schmerzen, Muskellähmungen oder vermindertes Empfinden in Füßen und Unterschenkeln. Ein Vitamin B1-Mangel kann der Auslöser sein vermutet die Wissenschaft.
Auch die Nebenwirkungen von den Diabetiker-Medikamenten werden verharmlost.

IQWiG, das Institut für Qualität und Wirtschaftlichkeit in der Medizin meldet, dass „Glargin" möglicherweise das Risiko, an Krebs zu erkranken, erhöhe.
Das lang wirksame Analoginsulin Glargin (Markenname: Lantus) ist in die Diskussion geraten.
Patienten, die Lantus nehmen, fragen sich, was sie tun können! Die EASD (Europ. Gesellschaft f. d. Erforschung von Diabetes) sagt, dass Niemand seine Insulin-Behandlung ändern sollte, ohne Rücksprache mit seinem Arzt zu führen.
Die EASD rät auch nicht von Lantus ab, weist aber zu Alternativen hin, was auch die DDG (Deutsche Diabetes Gesellschaft) tut. Diese sagt: Analoginsulinen hätten in den Studien keinerlei erhöhtes Krebsrisiko gezeigt. Menschen, die bereits an Krebs erkrankt sind, oder Frauen, in deren Familie Brustkrebs gehäuft vorkommt, sollten diese Alternativen mit ihrem Arzt besprechen.
Quelle: 2009 - Online-artikel.de, firmenpresse.de, pharmazeitung.de

Diabetes und Vitamin B1-Mangel

Etwa die Hälfte aller Menschen mit Diabetes mellitus erkranken an einer sogenannten diabetischen Neuropathie.
Die Ursachen für Nervenschäden können neben chronisch erhöhten Blutzuckerwerten auch ein Vitamin-B1-Mangel sein. Erhöhte Blutzuckerwerte zerstören Nerven und Blutgefäße. Die Symptome sind Schmerzen, Muskellähmungen oder vermindertes Empfinden in Füßen und Unterschenkeln. Ein Vitamin B1-Mangel kann der Auslöser sein vermutet die Wissenschaft.
Bei Diabetikern ist die Konzentration bei etwa 75 Prozent geringer als bei Gesunden, fanden britische Forscher heraus. Das Vitamin geht größtenteils über den Urin verloren anstatt über die Niere in den Blutkreislauf.
Vitamin B1 aktiviert die Funktion eines körpereigenen Entgiftungsenzyms (Transketolase). Wenn es an diesem Vitamin B1 mangelt, werden giftige Zwischen- und Abfallprodukte des Zuckerstoffwechsels nicht abgebaut und dies schädigt die Nerven. Das Vitamin B1 bremst also die Glukose-Giftigkeit.
Dr. James Larkin aus einer britischen Arbeitsgruppe erklärte, dass hohe Blutzucker-Konzentrationen die Expression eines Thimain-Transporters in der Niere unterdrücken. Fehlen also diese Thiamin-Transporter, geht dieses Vitamin über den Urin verloren. Das körpereigene Entgiftungssystem für Zwischen- und Abfallprodukte des Zuckerstoffwechsels wird ausgebremst.
Quelle: Stracke H et al. Exp, Clin Endocrinol Diabetes 2008, 116:600-605 Rabbani N et al. Diabetologie 2008, Epub ahead of print, Thornalley et al. Diabetologia 2007, 50: 2164-2170
B1 Nahrungsmittelquellen sind zum Beispiel:
Sonnenblumensamen, Erdnüsse, Weizenkleie, Rindfleischleber, Schweinefleisch, Geflügel, Meerestiere, Eidotter, Bohnen, Milchprodukte, Gemüse (aber wenig).....

Eine Low Carb Ernährung beinhaltet reichlich Vitamin B1 und bei einem Diabetiker Treffen in Luxemburg informierte die Autorin Jutta Schütz (Bücher über Low Carb) auch über dieses Thema. Quelle: 2009 - Online-artikel.de, firmenpresse.de, pharmazeitung.de

Diabetes und LCHF

Die Buchstaben: LCHF stehen für: Low Carb – High Fat.
Das heißt: Wenig Kohlenhydrate, viel Fett.
Es ist eine Ernährung bei der man die Einnahme von Kohlenhydraten beschränkt. Vor allem für den Typ Zwei-Diabetiker ist diese Ernährungsform eine hervorragende Methode den Blutzuckerspiegel zu verbessern.
In Schweden wird sogar behauptet, dass so der Diabetes Zwei heilbar sei. Es gibt immer mehr Studien, die einen guten Effekt von LCHF dokumentieren. Einen weiteren positiven Effekt bei dieser Low Carb Ernährung ist ein niedriger Blutdruck und verbesserte Blutfette.
 In den letzten Jahren ist in Schweden eine große Diskussion ausgebrochen und das höchste, schwedische Amt in Gesundheitsfragen (Socialstyrelsen) hat Anfang 2008 die Behandlung von Diabetes Typ Zwei sowohl als auch von Übergewicht mit Hilfe der LC-Ernährung anerkannt.
LCHF besteht aus drei Bausteinen:
1. Baustein: Man begrenzt die Kohlenhydratzufuhr auf ein Minimum.
2. Baustein: Man ersetzt die dadurch fehlende Nahrungsmenge mit natürlichem Fett, d.h. weitestgehend „tierischem" Fett.
3. Baustein: Man ernährt sich mit natürlichen Nahrungsmitteln (d.h. keine künstlichen Zusatzstoffe, keine Süßstoffe etc.).
Diese Ernährungsform wird als „ketogene Ernährung" bezeichnet. Darüber hat die Autorin Jutta Schütz in dem Buch „Kohlenhydrate, nein danke" schon berichtet.
Wenn zu viel Insulin im Körper vorhanden ist, verhindert dieses Hormon die Fettverbrennung. Der Überschuss an Nahrung wird in die Fettzellen eingelagert. Die begrenzte Einnahme von Kohlenhydraten verhindert den Anstieg des Blutzuckerspiegels. In vielen

Studien, wo Versuchspersonen mit LCHF so viel essen durften, bis sie satt waren, hat sich gezeigt, dass die Kalorienmenge geringer war als im Vergleich zu denen die normales Essen gegessen haben. Wenn man die Kohlenhydrate so weit wie möglich reduziert und gleichzeitig nicht an Fett spart, dann stellt sich der Körper automatisch darauf ein. Diesen Vorgang nennt man „Hormonelles Abnehmen". Man ist immer satt und leidet nicht an ständigem Hungergefühl.

Beim Verzehr von sehr geringen Mengen an Kohlenhydraten bleibt der Blutzucker auf einem normalen, niedrigen Niveau. Ein normaler, niedriger Blutzuckerspiegel sorgt dafür, dass der Insulingehalt des Blutes gering bleibt. Bei einem niedrigen Insulingehalt wiederum wird das Hormon Glukagon freigesetzt. Glukagon sorgt dafür, dass u. a. die Fettsäuren im Fettgewebe (sowie das Fett aus der Nahrung) in Glukose umgewandelt werden. Glukose wird vom Gehirn, den Muskeln und anderen Körperorganen als Brennstoff benötigt.

Dies setzt voraus, dass eine gewisse Menge an tierischem Fett dem Körper durch die Nahrung zugeführt wird. Ist das vorhandene Fett aufgebraucht, wird die benötigte Glukose durch den Abbau von verschiedenen Muskeln, Blutgefäßen etc. genommen.

Ist bereits eine große Menge an Körperfett vorhanden, braucht man weniger Fett mit der Nahrung zuzuführen aber man sollte dennoch ausreichend an Proteinen verzehren, um die optimale Funktion der Zellen zu garantieren.

Eine große Portion Stärke oder andere Zuckerarten sowie Kohlenhydrate kann den Körper in eine Stresssituation bringen, durch einen kräftigen Insulinanstieg (als Folge des Kohlenhydratverzehrs) der wiederum eine Kortisol-Ausschüttung verursacht. Der Körper benötigt dann ca. 48 Stunden, um das Kortisol wieder abzubauen. Das Hormongleichgewicht ist dadurch ganze 2 Tage gestört; viel Zeit zur Fetteinlagerung!

Die oben erklärten Zusammenhänge machen verständlich, dass die Kalorienmenge ziemlich uninteressant ist, oder? Der ganze Gewichtszunahme-/Gewichtsabnahmeprozess (in Form von Fett) wird ja ausschließlich von unserem Hormongleichgewicht gesteuert! Daher ist es sehr wichtig, die eingenommene Kohlenhydratmenge so niedrig wie nur möglich zu halten, wenn man möchte, dass das Glukagon die Fettlager beseitigen soll.

In dem neuen Buch „Ich war einmal Diabetiker" von Jutta Schütz informiert die Autorin über viele verschiedene Low Carb – Ernährungsformen. Quelle: 2009 - Online-artikel.de, firmenpresse.de, pharma-zeitung.de

Diabetiker-Event in Saarbrücken mit den Autoren Fiedler und Schütz

Am 11. Juli 2009 informierten die Schriftsteller Fiedler und Schütz zusammen mit Ärzten in Saarbrücken über Diabetes und Kohlenhydratarmer Ernährung (Low Carb, LCHF).
In Schweden wird von den Ärzten behauptet, dass mit der Low-Carb-Ernährungsform „LCHF" der Diabetes Zwei heilbar sei. Es gibt immer mehr Studien, die einen guten Effekt von LCHF dokumentieren. Die Autorin Schütz stellt in ihrem neuen Buch „Ich war einmal Diabetiker" viele verschiede Formen von Low Carb Ernährung vor.
LCHF besteht aus drei Bausteinen:
1. Baustein: Man begrenzt die Kohlenhydratzufuhr auf ein Minimum.
2. Baustein: Man ersetzt die dadurch fehlende Nahrungsmenge mit natürlichem Fett, d.h. weitestgehend „tierischem" Fett.
3. Baustein: Man ernährt sich mit natürlichen Nahrungsmitteln (d.h. keine künstlichen Zusatzstoffe, keine Süßstoffe etc.).
Diese Ernährungsform wird als „ketogene Ernährung" bezeichnet. Darüber hat die Autorin Jutta Schütz in dem Buch „Kohlenhydrate, nein danke" schon berichtet.
Wenn zu viel Insulin im Körper vorhanden ist, verhindert dieses Hormon die Fettverbrennung. Der Überschuss an Nahrung wird in die Fettzellen eingelagert. Die begrenzte Einnahme von Kohlenhydraten verhindert den Anstieg des Blutzuckerspiegels.
Autor Wolfgang Fiedler, ein erfolgreicher Hobby-Koch servierte nach dem Vortrag über Low Carb aus dem Kochbuch „Aber bitte kohlenhydratarm –Fleischgerichte" einige sehr schmackhafte Low Carb Gerichte, die bei den Gästen sehr gut ankamen.
Am Ende der Veranstaltung wurde auch über:

Insulin diskutiert, worüber Autorin Schütz schon in der Presse berichtete. IQWiG, das Institut für Qualität und Wirtschaftlichkeit in der Medizin meldet, dass „Glargin" möglicherweise das Risiko, an Krebs zu erkranken, erhöhe.

Auch aus diesen Gründen müssten die Ärzte bei Patienten viel mehr auf eine Ernährungsumstellung achten. Hier sind nicht die Diabetiker-Schulungen gemeint, die von der Pharma-Industrie gesponsert werden!

In dem Diabetiker-Buch „Plötzlich Diabetes" schildert die Autorin als Selbstbetroffene von dem Tag der Diagnose an in einem Tagebuch, wie sie es geschafft hat, den Diabetes Zwei zu bekämpfen. Jedes Medikament hat seine Nebenwirkungen – es lohnt sich zu kämpfen.

Quelle: 2009 - Online-artikel.de, firmenpresse.de, pharmazeitung.de

Diabetes und der positive Einfluss von Mandeln

Ein Verzehr von Mandeln schütz vor Diabetes und beugt auch gegen Herzerkrankungen vor. Eine Studie kanadischer Wissenschaftler bestätigte den positiven Einfluss von Mandeln auf den Blutzuckerspiegel.

Mandeln schützen vor Diabetes mellitus Typ 2, berichtete Diplom Ernährungswissenschaftlerin Berit Peters von der Gesellschaft für Ernährungsmedizin und Diätetik e.V. aus Aachen.

Wie die Autorin Jutta Schütz schon oft berichtete, nimmt die Zahl der Typ 2 Diabetes Erkrankungen stetig zu. Heute betrifft es vermehrt auch die jüngere Generation. Neben genetischen Faktoren sind auch eine falsche Ernährungsweise, Bewegungsmangel und Übergewicht die Gründe. Die Körperzellen sprechen nicht mehr auf Blutzuckerspiegel-senkende Hormon Insulin an. Es entsteht eine Insulinresistenz.

In einem Anfangsstadium helfen eine Ernährungsumstellung, Gewichtsabnahme und vermehrte körperliche Aktivität, den Blutzuckerspiegel unter Kontrolle zu halten.

Ein Forscherteam aus Toronto entdeckte in einer Studie an 15 gesunden Testpersonen eine zusätzliche Methode, den hohen Blutzuckerspiegel vorzubeugen. Doktor Cyril Kendall von der Universität Toronto bestätigt dies: „Wir haben herausgefunden, dass der Genuss von Mandeln die glykämische Antwort und die Insulinantwort des Körpers beim Verzehr einer kohlenhydratreichen Mahlzeit stark abschwächt."

Es gibt frühere Studien, die belegen schon eine Senkung des Cholesterinspiegels durch regelmäßigen Verzehr von Mandeln. Mit dem hohen Anteil an einfach ungesättigten Fettsäuren tragen sie zur Verringerung des Risikos von Herz-Kreislauf-Erkrankungen bei. Mandeln erweisen sich damit als wahres Multitalent.

Professor Dr. Hans-Konrad Biesalski, Leiter des Instituts für Biologische Chemie und Ernährungswissenschaften der Universität Stuttgart Hohenheim bescheinigt weitere gesundheitsförderliche Wirkungen der Mandel.

Wie auch eine kanadische Studie zeigt, ist die Mandel auch gegen oxydativen Stress sehr gut. Der Grund für diesen Schutzeffekt ist der hohe Anteil an Vitamin E in Mandeln. Dieses Vitamin E beugt koronare Herzkrankheiten vor.

Mandeln enthalten auch Folsäure, Riboflavin und Mineralstoffe und ihr hoher Gehalt an Ballaststoffen fördert die Verdauungstätigkeit.

Quelle: Gesellschaft für Ernährungsmedizin und Diätetik e.V.
Quelle: 2009 - Online-artikel.de, firmenpresse.de, pharmazeitung.de

Ein Schlafmangel fördert Diabetes

Wer regelmäßig weniger als 6 Stunden in der Nacht schläft, hat ein fünffach erhöhtes Risiko an Diabetes zu erkranken.
Diese kurze Schlafdauer kann den Nüchtern-Blutzucker stören.
Studienleiterin Lisa Rafalson (Buffalo Universität in New York) erforschten über sechs Jahre, inwieweit die Schlafdauer mit einer Störung des Nüchtern-Blutzuckers zusammenhängt. Dabei stellten sie fest, dass sich der N-Blutzuckerspiegel von 91 der 1455 Studien-Teilnehmer verändert hat. Die 91 Teilnehmer hatten zu Beginn der Studie einen normalen Blutzuckerwert von unter 100 mg/dl, nach 6 Jahren erhöhten sich die Werte über 100 mg/dl bis 125 mg/dl. Die Wissenschaftler verglichen diese 91 Probanden mit 273 anderen Studienteilnehmern.
Quelle: mas/American Heart Association
Quelle: 2009 - Online-artikel.de, firmenpresse.de, pharmazeitung.de

Chapeau für das Buch von Sabine Beuke

Die Autorin Jutta Schütz erzählte in ihrem Interview gestern gegenüber Zeitungen, dass es sich lohnen würde, von ihrer Mitstreiterin in Sachen „Gesundheit" das Buch „unhaltbare" Zustände von Sabine Beuke zu lesen.
„Wer massive Probleme mit seinem Darm hat, sollte das Buch von der Autorin Beuke lesen! Frau Beuke hat mit ihrem Buch „unhaltbare" Zustände innerhalb kurzer Zeit schon Rekord-Verkaufszahlen erreicht. Die Autorin schildert ihre letzte Rettung durch kohlenhydratarme Ernährung (Low Carb) sehr locker, luftig, leicht und an manchen Stellen auch humorvoll aber auch immer mit einer Portion Ernsthaftigkeit."
In dem Nachwort schreibt Sabine Beuke:
Die „unhaltbaren" Zustände sind vorüber. Die „unerklärlichen" Durchfälle sind damit nun endlich gelüftet worden. Zudem hat sich mein Wohlbefinden mit „Low Carb" in psychischer und physischer Hinsicht erheblich gesteigert.
Das Buch von Beuke erhält man beim BoD-Verlag, amazon.de oder bei anderen Anbietern, oder man kann es auch in jedem Buchladen bestellen.
Quelle: 2009 - Online-artikel.de, firmenpresse.de, pharmazeitung.de

Die Glyx Tabelle mit Glyx Ampel gibt einen schnellen Überblick über den Glyx-Index für verschiedene Glyx Tabelle Lebensmittel in Ampel-Farben (2009)
www.glyx-tabelle.de

Lebensmittel-Tabelle im Internet: Fett, Eiweiß, Kohlenhydrate, Broteinheiten und Brennwerte
www.lebensmittel-tabelle.de
Die Lebensmittel-Datenbank wurde zuletzt am 24.04.2009 bearbeitet.

Zum Abschluss noch ein paar Worte:

Die Menschen sind für so viele Kohlenhydrate genetisch noch nicht angepasst. Ein Zuviel an Kohlenhydraten führt zu vielen Krankheiten wie zum Beispiel:
Diabetes, Hyperinsulinismus, Arteriosklerose, Krebs und zu noch vielen anderen Krankheiten.
Diese Low-Carb-Ernährungswissenschaftler sagen, dass die übliche Nahrungspyramide mit einer hohen Menge an Kohlenhydraten eine falsche Lehre ist. Aus diesem Grunde gäbe es heute so viele Dicke und Kranke. Hier haben das hohe Ernährungsbewusstsein und der wenige Fettkonsum nichts genützt. Erhitzte Getreidestärke stört den Hormonhaushalt und die Schilddrüse!
Ich möchte gerne noch mal wiederholen:
Fett ohne Kohlenhydrate ruft kein Insulin und ohne hohen Insulinspiegel im Blut wird Nahrungsfett nicht als Fett gespeichert.

Dr. Johannes F. Coy (Tumorbiologe) ist seit Juni 2006 ehrenamtlich als Leiter der Tumorbiologie für die Gesellschaft für Ernährungsmedizin und Diätetik e.V. in Aachen tätig.
Er sagt, dass Ernährung und Sport eine entscheidende Bedeutung für die Gesunderhaltung des Menschen habe.
Leider wird immer noch heftig diskutiert, welche Ernährung die Richtige ist. Nun wurde vor kurzem eine Entdeckung gemacht: TKTL1-Enzym und die damit verbundenen völlig neuartigen biochemischen Stoffwechselwege für den Ab- und Umbau von Glukose.
Der Nobelpreisträger Otto Heinrich Warburg (Warburg Effekt) schrieb 1924 erstmals darüber, weshalb Tumorzellen Glukose zu Milchsäure vergären, egal ob Sauerstoff vorhanden ist oder nicht. Krebsformen wie Brustkrebs, Prostatakrebs oder Darmkrebs treten häufiger auf. Der Herzkrebs extrem selten. Der Herzmuskel gewinnt im Gegensatz zum Skelettmuskel immer seine Energie aus der Fettverbrennung. In jüngster Zeit haben auch Studien gezeigt, dass Sport die Überlebenszeit von Krebspatienten deutlich erhöht. Ergänzend hierzu kann eine Umstellung auf eine Ernährungsform „Kohlenhydrate, nein danke" positiv auf den kranken Menschen wirken.

Omega-3 senkt den Cholesterinspiegel
Pflanzenöle wie: Sonnenblumenöl, Leinöl, Maiskeimöl wurden lange Zeit als gesund gepriesen.
Die Ernährungswissenschaftler sagen jetzt, dass diese Öle schnell oxidieren (Dr. Kwasniewski).
Oxidiertes Fett verwüstet im Körper Zellen und schädigt das Erbgut. Es kann Krebs entstehen. Außerdem lässt es das Blut klumpen und schwächt das Immunsystem.
Die Wissenschaftler forschen schon seit Jahren mit Omega 3-Fettsäuren und sie entdeckten, dass Inuit-Eskimos trotz des hohen Fettkonsums nur selten Herzattacken bekamen. Dies läge wahrscheinlich daran, dass diese Menschen fast ihr gesamtes Fett aus

Meerestieren beziehen, die eine hohe Konzentration an Omega 3-Fettsäuren enthalten.

Das Öl: Omega-3 senkt den Cholesterinspiegel und auch den Blutdruck. Es macht das Blut dünnflüssig.

In welchen Ölen steckt das Öl? Vor allem in Lachs, Hering, Makrele, Sardine und Schwertfisch.

Die Ernährungswissenschaftler sagen auch, dass das menschliche Gen eine Ernährung mit konstantem Eiweiß-Kohlenhydrat-Verhältnis bevorzugt. Es wurde in den letzten Jahren immer wieder empfohlen, mehr Kohlenhydrate zu essen (Vollkorn, Reis, Nudeln und Kartoffeln). Dies ist wohl für viele Menschen ein Rezept für erhöhtes Insulin und Cholesterin was zu Herz- und Kreislaufkrankheiten führt. Ulrike Gonder (10. Nov. 2004) gab an:

Je mehr gesättigte Fettsäuren die Damen (die an dem metabolischen Syndrom und manifester Koronarsklerose litten) verzehrten, desto langsamer schritt die Gefäßverengung voran.